Betsy Franco

3 Jahre
365 Fragen
1095 Antworten

Ein Album
zum Ausfüllen
für Kinder

riva

Bibliografische Information der Deutschen Nationalbibliothek
Die Deutsche Nationalbibliothek verzeichnet diese Publikation in der Deutschen
Nationalbibliografie. Detaillierte bibliografische Daten sind im Internet über http://d-nb.de abrufbar.

Für Fragen und Anregungen:
f-und-a-kids@rivaverlag.de

1. Auflage 2014

© 2014 by riva Verlag, ein Imprint der Münchner Verlagsgruppe GmbH,
Nymphenburger Straße 86
D-80636 München
Tel.: 089 651285-0
Fax: 089 652096

© der Originalausgabe 2012 by Betsy Franco

Die amerikanische Originalausgabe erschien 2012 bei Potter Style unter dem Titel *Q&A A DAY for Kids*.
This translation published by arrangement with Potter Style, an imprint of the Crown Publishing Group, a division of Random House LLC.

Alle Rechte, insbesondere das Recht der Vervielfältigung und Verbreitung sowie der Übersetzung, vorbehalten. Kein Teil des Werkes darf in irgendeiner Form (durch Fotokopie, Mikrofilm oder ein anderes Verfahren) ohne schriftliche Genehmigung des Verlages reproduziert oder unter Verwendung elektronischer Systeme gespeichert, verarbeitet, vervielfältigt oder verbreitet werden.

Umschlaggestaltung: Melanie Melzer, München
Umschlagabbildung: unter Verwendung von Shutterstock
Satz: Georg Stadler, München
Druck: CPI books GmbH, Leck
Printed in Germany

ISBN Print: 978-3-86883-475-8

Weitere Informationen zum Verlag finden Sie unter

www.rivaverlag.de
Beachten Sie auch unsere weiteren Verlage unter
www.muenchner-verlagsgruppe.de

1. JANUAR

Schreibe deinen Namen auf.

20......

20......

20......

2. JANUAR

Was machst du am liebsten mit Freunden?

20......

20......

20......

3. JANUAR

Worauf freust du dich?

20......

20......

20......

4. JANUAR

Welches Tier wärst du heute gerne? Warum?

20......

20......

20......

5. JANUAR

Wann warst du das letzte Mal sauer? Warum?

20......

20......

20......

6. JANUAR

Wenn du reisen könntest, wohin du willst, wohin würdest du gehen?

20......

20......

20......

7. JANUAR

Was würdest du gerne machen, kannst es aber noch nicht?

20......

20......

20......

8. JANUAR

Wer ist dein Lieblingssuperheld? Warum?

20......

20......

20......

9. JANUAR

Ich hätte so gern mehr ...

20......

20......

20......

10. JANUAR

Was kannst du besonders gut?

20......

20......

20......

11. JANUAR

Hat dich schon mal jemand beschimpft? Wie war das?

20......

20......

20......

12. JANUAR

Wie fühlst du dich, wenn deine Freunde mit deinen Sachen spielen?

20……

20……

20……

13. JANUAR

Ich habe neulich etwas Dummes gemacht:

20......

20......

20......

14. JANUAR

Wer tröstet dich, wenn du traurig bist?

20......

20......

20......

15. JANUAR

Wenn du kaufen könntest, was du willst, was wäre es?

20......

20......

20......

16. JANUAR

Ich habe mich
schrecklich gefühlt, als ...

20......

20......

20......

17. JANUAR

Was hat dir heute am meisten Spaß gemacht?

20......

20......

20......

18. JANUAR

Welche Geräusche kannst du gerade hören?

20......

20......

20......

19. JANUAR

Was hältst du von Babysittern?

20......

20......

20......

20. JANUAR

Welchen Snack magst du am liebsten? Wo isst du ihn am liebsten?

20......

20......

20......

21. JANUAR

Glaubst du an Aliens? Warum oder warum nicht?

20......

20......

20......

22. JANUAR

Wann fühlst du dich als etwas Besonderes?

20......

20......

20......

23. JANUAR

Hat dich heute jemand geärgert? Wenn ja, wie?

20......

20......

20......

24. JANUAR

Ich bin ein guter Freund/
eine gute Freundin,
weil …

20......

20......

20......

25. JANUAR

Magst du es, beim Essen am Tisch zu sitzen?

20......

20......

20......

26. JANUAR

Ich mache mir Sorgen wegen …

20......

20......

20......

27. JANUAR

Worauf bist du stolz?

20......

20......

20......

28. JANUAR

Was siehst du, wenn du in den Spiegel schaust?

20......

20......

20......

29. JANUAR

Welche Berufe findest du interessant?

20......

20......

20......

30. JANUAR

Welche Figur aus einem Buch würdest du gerne mal treffen?

20......

20......

20......

31. JANUAR

Was war heute in der Schule am langweiligsten?

20......

20......

20......

1. FEBRUAR

Worauf hoffst du?

20......

20......

20......

2. FEBRUAR

Welche Kuscheltiere nimmst du gerne mit ins Bett?

20......

20......

20......

3. FEBRUAR

Beschreibe eine Situation, in der du mit jemandem Mitleid hattest.

20......

20......

20......

4. FEBRUAR

Wofür bist du heute dankbar?

20......

20......

20......

5. FEBRUAR

Was unternimmst du draußen am liebsten?

20......

20......

20......

6. FEBRUAR

Wann warst du das letzte Mal still oder verlegen? Warum?

20......

20......

20......

7. FEBRUAR

Ich mag es, wenn meine Familie zusammen …

20……

20……

20……

8. FEBRUAR

Welche Regeln in der Schule machen für dich nicht so viel Sinn?

20......

20......

20......

9. FEBRUAR

Was isst du mittags am liebsten?

20......

20......

20......

10. FEBRUAR

Ich bin froh, dass es ... aus dem Buch ... nicht in Wirklichkeit gibt.

20......

20......

20......

11. FEBRUAR

Hast du schon mal jemandem etwas beigebracht? Was war das?

20......

20......

20......

12. FEBRUAR

Was würdest du gar nicht gern verlieren?

20......

20......

20......

13. FEBRUAR

Wenn du eine Schatzkiste verbuddeln würdest, was wäre in ihr?

20......

20......

20......

14. FEBRUAR

Was magst du heute richtig gerne an dir?

20......

20......

20......

15. FEBRUAR

Welchen Sport magst du am liebsten? Warum?

20......

20......

20......

16. FEBRUAR

Ich weiß, dass ich schon alleine ... kann, aber niemand traut es mir zu.

20......

20......

20......

17. FEBRUAR

Was hast du diese Woche gemacht, um stark und gesund zu bleiben?

20......

20......

20......

18. FEBRUAR

In welcher Situation warst du mutig?

20...... ___

20...... ___

20...... ___

19. FEBRUAR

Wenn du drei Wünsche frei hättest, welche wären es?

20......

20......

20......

20. FEBRUAR

Wann hättest du lieber gelogen, hast dann aber doch die Wahrheit gesagt?

20......

20......

20......

21. FEBRUAR

Wann hast du mal jemandem geholfen?

20......

20......

20......

22. FEBRUAR

Beschreibe den Beruf deines Vaters oder deiner Mutter.

20......

20......

20......

23. FEBRUAR

Wie bleibt man Freunde?

20......

20......

20......

24. FEBRUAR

Wann bist du ganz ruhig?

20......

20......

20......

25. FEBRUAR

Was ist deine Lieblings-fernsehserie?

20......

20......

20......

26. FEBRUAR

Welche Geräusche nerven dich?

20......

20......

20......

27. FEBRUAR

Was würdest du an dir niemals ändern?

20......

20......

20......

28. FEBRUAR

Welchen Sinn magst du am liebsten? Sehen, Hören, Riechen, Tasten oder Schmecken? Warum?

20......

20......

20......

29. FEBRUAR

Haben wir gerade ein Schaltjahr? Ist heute etwas Ungewöhnliches passiert?

20......

20......

20......

1. MÄRZ

Was gefällt dir an einem regnerischen Tag am besten?

20......

20......

20......

2. MÄRZ

Was fällt dir schwer?

20......

20......

20......

3. MÄRZ

Wer hat dir etwas beigebracht, das du schon immer wissen oder können wolltest? Was war das?

20......

20......

20......

4. MÄRZ

... trage ich gar nicht gerne.

20......

20......

20......

5. MÄRZ

Was ist momentan das Beste an deinem Leben?

20......

20......

20......

6. MÄRZ

Bei wem fühlst du dich am sichersten?

20......

20......

20......

7. MÄRZ

Gibt es etwas, das jemand anderes hat, das du selbst gerne hättest?

20......

20......

20......

8. MÄRZ

Was hältst du von Videospielen?

20......

20......

20......

9. MÄRZ

Warst du in letzter Zeit irgendwo, wo du vorher noch nie warst?

20......

20......

20......

10. MÄRZ

Wie sieht der Himmel heute aus?

20......

20......

20......

11. MÄRZ

Wofür hättest du gerne mehr Zeit?

20......

20......

20......

12. MÄRZ

Wenn du die Welt beherrschen würdest, was würdest du ändern?

20......

20......

20......

13. MÄRZ

Magst du deinen Namen? Gibt es einen, den du lieber hättest?

20......

20......

20......

14. MÄRZ

Welche ist deine Lieblingsmannschaft?

20......

20......

20......

15. MÄRZ

Kennst du einen Störenfried? Wer ist es?

20......

20......

20......

16. MÄRZ

Was würdest du mit einem riesigen Karton machen?

20......

20......

20......

17. MÄRZ

Welche Farbe trägst du heute?

20......

20......

20......

18. MÄRZ

Womit bewegst du dich am liebsten fort?

20......

20......

20......

19. MÄRZ

Was magst du an deinem Geburtstag am liebsten?

20......

20......

20......

20. MÄRZ

Was sind die schlimmsten Berufe, von denen du je gehört hast?

20......

20......

20......

21. MÄRZ

Wie hast du diese Woche deiner Familie geholfen?

20......

20......

20......

22. MÄRZ

Wann hast du dich das letzte Mal geschämt?

20......

20......

20......

23. MÄRZ

Mit wem hast du am meisten Spaß? Was macht ihr zusammen?

20......

20......

20......

24. MÄRZ

Gerätst du manchmal in Schwierigkeiten? Beschreibe so eine Situation.

20......

20......

20......

25. MÄRZ

Welcher ist dein Lieblingsplatz in der Natur?

20......

20......

20......

26. MÄRZ

Ich beschwere mich oft über ...

20......

20......

20......

27. MÄRZ

Welches Instrument spielst du oder würdest du gerne spielen?

20......

20......

20......

28. MÄRZ

Wer ist die älteste Person, die du kennst?

20......

20......

20......

29. MÄRZ

Hast du dich in letzter Zeit einsam gefühlt? Warum?

20......

20......

20......

30. MÄRZ

Was siehst du, wenn du aus dem Fenster schaust?

20......

20......

20......

31. MÄRZ

Was versuchst du zu vergessen, kannst es aber nicht?

20......

20......

20......

1. APRIL

Hast du heute jemandem einen Streich gespielt? Was hast du gemacht?

20......

20......

20......

2. APRIL

Wenn du eine Superkraft haben könntest, welche wäre es? Warum?

20......

20......

20......

3. APRIL

Was ist das Schlimmste daran, keine Geschwister zu haben?

20......

20......

20......

4. APRIL

Welche sind deine Lieblingsklamotten?

20......

20......

20......

5. APRIL

Wenn du in die Vergangenheit reisen könntest, wohin und warum?

20......

20......

20......

6. APRIL

Was würdest du deiner Mutter oder einem anderen engen Familienmitglied gerne erzählen?

20......

20......

20......

7. APRIL

Wer versteht dich am besten?

20......

20......

20......

8. APRIL

Hat dich heute etwas traurig gemacht? Was war es?

20......

20......

20......

9. APRIL

Alles wäre viel besser, wenn …

20……

20……

20……

10. APRIL

Was hast du in letzter Zeit getan, um die Erde zu retten?

20......

20......

20......

11. APRIL

Wie viel, glaubst du, kosten diese Dinge: ein Liter Milch, ein Auto, deine Turnschuhe?

20......

20......

20......

12. APRIL

Wann hast du dich schon einmal ausgeschlossen gefühlt?

20......

20......

20......

13. APRIL

Welche Jahreszeit magst du am liebsten? Warum?

20......

20......

20......

14. APRIL

In letzter Zeit mag ich … besonders gerne.

20…… _____

20…… _____

20…… _____

15. APRIL

Wen bewunderst du? Warum?

20......

20......

20......

16. APRIL

Gibt es etwas, das du gerne mit jemandem aus deiner Familie machen würdest? Was ist es?

20......

20......

20......

17. APRIL

Wenn du ein Hund wärst, was für einer wärst du?

20......

20......

20......

18. APRIL

Ich hasse es, wenn ...

20......

20......

20......

19. APRIL

Welche Art von Musik macht dich glücklich? Warum?

20......

20......

20......

20. APRIL

Hast du schon mal gelogen? Was hast du gesagt?

20......

20......

20......

21. APRIL

Wessen Gedanken würdest du gerne lesen können? Warum?

20......

20......

20......

22. APRIL

Wie kommst du normalerweise zur Schule?

20......

20......

20......

23. APRIL

Beschreibe, wie und wo du wohnst.

20......

20......

20......

24. APRIL

Wer hilft dir, wenn du Angst hast?

20......

20......

20......

25. APRIL

Wann fühlst du dich selbstbewusst?

20......

20......

20......

26. APRIL

Mit wem wärst du gerne befreundet? Warum?

20......

20......

20......

27. APRIL

Was machst du heute nach der Schule?

20......

20......

20......

28. APRIL

Was ist deine Lieblingsfarbe? Woran erinnert sie dich?

20......

20......

20......

29. APRIL

Mit wem lebst du zu Hause?

20......

20......

20......

30. APRIL

Was ist dein Spitzname?
Wer nennt dich so?

20......

20......

20......

1. MAI

Wenn du jedes Tier als Haustier haben könntest, welches würdest du nehmen?

20......

20......

20......

2. MAI

Wie hast du dich beruhigt, als du das letzte Mal wütend warst?

20......

20......

20......

3. MAI

Was machst du in der Pause am liebsten?

20......

20......

20......

4. MAI

Wie alt wärst du gerne? Warum?

20......

20......

20......

5. MAI

Welche Tageszeit magst du am liebsten?

20......

20......

20......

6. MAI

Was hättest du gerne, traust dich aber nicht, danach zu fragen?

20......

20......

20......

7. MAI

Sind deine Freunde nett zu dir? Fällt dir ein Beispiel ein?

20......

20......

20......

8. MAI

Es frustriert mich, wenn ...

20......

20......

20......

9. MAI

Beschreibe ein Fantasiewesen, das du gerne treffen würdest.

20......

20......

20......

10. MAI

Wie welche Farbe fühlst du dich heute? Warum?

20......

20......

20......

11. MAI

Was wäre ein gutes Geschenk zum Muttertag?

20......

20......

20......

12. MAI

Wie gefällt es dir, in der Schule ruhig sitzen zu bleiben?

20......

20......

20......

13. MAI

Wen würdest du gerne mal treffen?

20......

20......

20......

14. MAI

Was hast du heute zu Mittag gegessen? Hat es dir geschmeckt?

20......

20......

20......

15. MAI

Was findest du gefährlich? Warum?

20......

20......

20......

16. MAI

Wie fühlst du dich, wenn du dir nachts die Sterne ansiehst?

20......

20......

20......

17. MAI

Hast du genug Freizeit? Warum oder warum nicht?

20......

20......

20......

18. MAI

... ist gemein. Erkläre warum.

20......

20......

20......

19. MAI

Welches Spielzeug magst du am liebsten? Warum?

20......

20......

20......

20. MAI

Was war das Wildeste, was du jemals getan hast?

20......

20......

20......

21. MAI

Wenn du fliegen könntest, wohin würdest du fliegen?

20......

20......

20......

22. MAI

Was ist dein Traumberuf?

20......

20......

20......

23. MAI

Wie verbringst du am liebsten dein Wochenende?

20......

20......

20......

24. MAI

Wer macht dich verrückt? Warum?

20......

20......

20......

25. MAI

Welches dieser Geräte benutzt du am häufigsten: Handy, Spielkonsole, Computer, Fernseher, …

20……

20……

20……

26. MAI

Bist du laut, still oder eher etwas dazwischen?

20......

20......

20......

27. MAI

Ich wünschte, ich könnte den ganzen Tag ...

20......

20......

20......

28. MAI

Beschreibe deine Familie in drei Worten.

20......

20......

20......

29. MAI

Ich würde nicht wollen, dass meine Freunde wissen, dass ...

20......

20......

20......

30. MAI

Was ist der beste Film, den du in letzter Zeit gesehen hast?

20......

20......

20......

31. MAI

Welche Pflichten hast du? Magst du sie?

20......

20......

20......

1. JUNI

Beschreibe einen Traum, an den du dich erinnerst.

20......

20......

20......

2. JUNI

Wann hast du das letzte Mal geweint? Warum?

20......

20......

20......

3. JUNI

Was magst du lieber: Drinnen oder draußen zu sein? Warum?

20......

20......

20......

4. JUNI

Wann wolltest du einmal etwas sagen, aber niemand hat dir zugehört?

20......

20......

20......

5. JUNI

Würdest du gerne Künstler, Tänzer, Musiker oder Schauspieler werden? Wenn ja, wie sehr?

20...... _____

20...... _____

20...... _____

6. JUNI

Welche Gerüche magst du besonders gerne?

20……

20……

20……

7. JUNI

Beschreibe deine Nachbarschaft in drei Worten.

20......

20......

20......

8. JUNI

Ich bin eifersüchtig auf ..., weil ...

20......

20......

20......

9. JUNI

Bist du eher wie Sonnenschein, Regen oder Donner? Warum?

20......

20......

20......

10. JUNI

Wer ist die jüngste Person, die du kennst?

20......

20......

20......

11. JUNI

Wenn ich jeden Tag – das ganze Jahr über – in die Schule gehen müsste, würde ich …

20......

20......

20......

12. JUNI

Wenn du in die Vergangenheit reisen und etwas ändern könntest, was würdest du tun?

20......

20......

20......

13. JUNI

Hast du mit einem Freund/einer Freundin Pläne geschmiedet? Wenn ja, welche?

20......

20......

20......

14. JUNI

Ich will so schnell wie möglich …

20......

20......

20......

15. JUNI

Was wäre ein gutes Geschenk zum Vatertag?

20......

20......

20......

16. JUNI

Heute hatte ich Spaß, weil …

20……

20……

20……

17. JUNI

Was magst du an deinem Gesicht am liebsten?

20......

20......

20......

18. JUNI

Was ist unfair?

20......

20......

20......

19. JUNI

Welche kleine Sache macht dich glücklich?

20......

20......

20......

20. JUNI

... verwirrt mich.

20......

20......

20......

21. JUNI

Gibt es jemanden, der nicht mit dir spielen möchte? Was ist das Problem?

20......

20......

20......

22. JUNI

Welche Sprache würdest du gerne lernen? Warum?

20......

20......

20......

23. JUNI

Was war das Letzte, was du gebaut oder gebastelt hast?

20......

20......

20......

24. JUNI

Ich wünschte, meine Familie wäre …

20......

20......

20......

25. JUNI

Hast du schon mal jemanden gemobbt? Was ist passiert?

20......

20......

20......

26. JUNI

Was magst du lieber, den Morgen oder die Nacht? Warum?

20......

20......

20......

27. JUNI

Was nervt dich? Warum?

20......

20......

20......

28. JUNI

Ist gewinnen wichtig für dich? Warum oder warum nicht?

20......

20......

20......

29. JUNI

Was war das beste Geschenk, das du jemals bekommen hast?

20......

20......

20......

30. JUNI

Was bringt dich zum Weinen?

20......

20......

20......

1. JULI

Mit welchem Verwandten redest du gerne? Warum?

20......

20......

20......

2. JULI

Ich fühle mich super, wenn ich …

20……

20……

20……

3. JULI

Gibt es etwas, das du NICHT isst?

20......

20......

20......

4. JULI

Mit wem hast du zuletzt gespielt?

20......

20......

20......

5. JULI

Wenn du einen Tag lang tun könntest, was du willst, was würdest du machen?

20......

20......

20......

6. JULI

Hast du Angst im Dunkeln? Warum oder warum nicht?

20......

20......

20......

7. JULI

... ist nett zu mir, denn ...

20......

20......

20......

8. JULI

Welche drei Wörter klingen für dich schön?

20......

20......

20......

9. JULI

Gibt es etwas, das du gesagt hast und das dir leid tut? Was war das?

20......

20......

20......

10. JULI

Was ist das Beste am heutigen Tag?

20......

20......

20......

11. JULI

Wann wolltest du das letzte Mal aufgeben? Hast du es getan?

20......

20......

20......

12. JULI

Was würdest du gerne essen, aber deine Eltern verbieten es?

20......

20......

20......

13. JULI

Magst du Überraschungen oder nicht? Erkläre warum.

20......

20......

20......

14. JULI

Wie würdest du Kindern, die es weniger gut haben als du, helfen?

20......

20......

20......

15. JULI

Welches Buch, das du in letzter Zeit gelesen hast, hat dir gut gefallen?

20......

20......

20......

16. JULI

Hast du neue Freunde gefunden? Wer ist es?

20......

20......

20......

17. JULI

Welches Fast Food isst du am liebsten?

20......

20......

20......

18. JULI

Was sind momentan deine zwei größten Wünsche?

20......

20......

20......

19. JULI

Fühlst du dich lieber sicher oder magst du Abenteuer?

20......

20......

20......

20. JULI

... ist so lustig!

20......

20......

20......

21. JULI

Wie würdest du dein Zimmer gerne dekorieren?

20......

20......

20......

22. JULI

Woran denkst du, wenn du aufwachst?

20......

20......

20......

23. JULI

Was gehört dir, das für dich sehr kostbar ist?

20......

20......

20......

24. JULI

Hattest du in letzter Zeit einen Albtraum? Beschreibe ihn.

20……

20……

20……

25. JULI

Wenn ich nur ... hätte, wäre ich viel glücklicher.

20......

20......

20......

26. JULI

Beschreibe dein Haustier oder ein Haustier, das du gerne hättest.

20......

20......

20......

27. JULI

Was hast du in letzter Zeit von deinem eigenen Geld gekauft?

20......

20......

20......

28. JULI

Wird in deiner Familie manchmal gestritten? Wie fühlst du dich dabei?

20......

20......

20......

29. JULI

Was machst du, wenn du eine Spinne siehst?

20......

20......

20......

30. JULI

Mit welchem Erwachsenen – außer deinen Eltern – hast du zuletzt geredet?

20......

20......

20......

31. JULI

Beschreibe deinen besten Freund/deine beste Freundin in drei Worten.

20......

20......

20......

1. AUGUST

Ich wünschte, ich könnte immer bis ... Uhr aufbleiben.

20......

20......

20......

2. AUGUST

Würdest du lieber campen gehen oder fernsehen?

20......

20......

20......

3. AUGUST

Wie fühlst du dich, wenn du ein Instrument spielst oder ein Bild malst?

20......

20......

20......

4. AUGUST

Fühlst du dich alleine sicherer oder wenn du mit anderen Leuten zusammen bist? Erkläre warum.

20......

20......

20......

5. AUGUST

Welches Lied passt zu dir? Warum?

20......

20......

20......

6. AUGUST

Welche Schätze hast du in letzter Zeit gefunden?

20......

20......

20......

7. AUGUST

Wenn du der Beste/die Beste in etwas sein könntest, was wäre das?

20......

20......

20......

8. AUGUST

Ist jemand auf dich sauer? Wer? Warum?

20......

20......

20......

9. AUGUST

Was sammelst du?

20......

20......

20......

10. AUGUST

Wann bist du das letzte Mal bei einem Freund/einer Freundin zu Hause gewesen?

20......

20......

20......

11. AUGUST

Was würdest du gerne lernen?

20......

20......

20......

12. AUGUST

Was denkst du über Fluchen?

20......

20......

20......

13. AUGUST

Welche ausgeflippte Sache würdest du gerne tun, machst sie aber nicht?

20......

20......

20......

14. AUGUST

Welche Spiele spielst du gern?

20......

20......

20......

15. AUGUST

Stehst du gerne früh auf?

20......

20......

20......

16. AUGUST

Beschreibe das letzte Mal, als du krank warst.

20......

20......

20......

17. AUGUST

Würdest du lieber in die Vergangenheit reisen oder ins Weltall fliegen? Warum?

20......

20......

20......

18. AUGUST

Schläfst du gern bei anderen Leuten? Warum oder warum nicht?

20......

20......

20......

19. AUGUST

Machst du Sachen komplett fertig, bevor du dir ein Päuschen gönnst?

20......

20......

20......

20. AUGUST

Für welche Spielzeuge bist du schon zu groß?

20......

20......

20......

21. AUGUST

Was bringt dich zum Lachen?

20......

20......

20......

22. AUGUST

Wann hast du etwas Neues ausprobiert? Was war das?

20......

20......

20......

23. AUGUST

Was hältst du von Geschwistern?

20......

20......

20......

24. AUGUST

Hast du dir in letzter Zeit wehgetan? Was ist passiert?

20......

20......

20......

25. AUGUST

Magst du jemanden sehr gerne? Wer ist es?

20......

20......

20......

26. AUGUST

Niemand weiß, dass ich …

20……

20……

20……

27. AUGUST

Welche Krabbeltiere magst du? Welche nicht?

20......

20......

20......

28. AUGUST

Ich habe nicht erwartet, dass ...

20......

20......

20......

29. AUGUST

Spielst du gerne mit nur einer Person oder mit mehreren?

20......

20......

20......

30. AUGUST

Welche Regeln bei euch zu Hause findest du überflüssig?

20......

20......

20......

31. AUGUST

Welches Lied singst du gerne? Warum?

20......

20......

20......

1. SEPTEMBER

Gibt es etwas, woran du dauernd denken musst? Was ist es?

20......

20......

20......

2. SEPTEMBER

Was kochst du am liebsten?

20......

20......

20......

3. SEPTEMBER — Wen umarmst du gerne? Warum?

20......

20......

20......

4. SEPTEMBER

Fällt es dir leicht, zu Leuten zu sagen: »Nein, ich möchte das nicht tun«?

20......

20......

20......

5. SEPTEMBER

Das Schlimmste an meinem Zimmer ist …

20......

20......

20......

6. SEPTEMBER

Gibst oder erhältst du lieber Anweisungen?

20......

20......

20......

7. SEPTEMBER

Wenn Leute in dich hineinsehen könnten, was würden sie sehen?

20......

20......

20......

8. SEPTEMBER

Welchen Film mochtest du gar nicht? Warum?

20......

20......

20......

9. SEPTEMBER

Wann fühlst du dich richtig gut?

20......

20......

20......

10. SEPTEMBER

Was machst du, wenn du Angst hast?

20......

20......

20......

11. SEPTEMBER

Was machst du lieber? Zeichnen oder Fahrrad fahren?

20......

20......

20......

12. SEPTEMBER

Mit wem würdest du dich jetzt gerade am liebsten unterhalten?

20......

20......

20......

13. SEPTEMBER

Was macht dich nervös? Warum?

20......

20......

20......

14. SEPTEMBER

Was machst du, wenn jemand nicht teilen möchte?

20......

20......

20......

15. SEPTEMBER

Was trinkst du am liebsten? Warum?

20......

20......

20......

16. SEPTEMBER

Wen findest du mutig? Erkläre warum.

20......

20......

20......

17. SEPTEMBER

Was hältst du von Hausaufgaben?

20......

20......

20......

18. SEPTEMBER

... versteht mich nicht. Warum denkst du das?

20......

20......

20......

19. SEPTEMBER

Wer aus deiner Familie macht am meisten Quatsch?

20......

20......

20......

20. SEPTEMBER

Ist es okay für dich, wenn du schmutzig wirst? Warum oder warum nicht?

20......

20......

20......

21. SEPTEMBER

Hast du das Gefühl, dass du viel Glück hast? Warum oder warum nicht?

20......

20......

20......

22. SEPTEMBER
Welche Tiere magst du?

20......

20......

20......

23. SEPTEMBER

Das Beste am Erwachsensein ist ...

20......

20......

20......

24. SEPTEMBER

Welche Art von Büchern liest du gerne?

20......

20......

20......

25. SEPTEMBER

Hat dich schon mal jemand darum gebeten, etwas zu tun, was du nicht wolltest?

20......

20......

20......

26. SEPTEMBER

Was hast du heute zum Frühstück gegessen?

20......

20......

20......

27. SEPTEMBER

Früher mochte ich ...
nicht, aber jetzt schon.

20......

20......

20......

28. SEPTEMBER

Welche Aufgaben schiebst du immer auf?

20......

20......

20......

29. SEPTEMBER

Wer liebt dich sehr?

20......

20......

20......

30. SEPTEMBER

Was magst du lieber, Mathe oder Deutsch?

20......

20......

20......

1. OKTOBER

Um wen machst du dir Sorgen? Warum?

20......

20......

20......

2. OKTOBER

Wie stellst du dir den perfekten Tag vor?

20......

20......

20......

3. OKTOBER

Ich wünschte, meine Lehrer würden ...

20......

20......

20......

4. OKTOBER

Wenn du eine Firma gründen könntest, was würde diese Firma herstellen?

20……

20……

20……

5. OKTOBER

Bekommst du Taschengeld? Kommst du damit aus?

20......

20......

20......

6. OKTOBER

Wer ist dein bester Freund/deine beste Freundin?

20......

20......

20......

7. OKTOBER

Gibt es ein Bild, Poster oder eine Landkarte in deinem Zimmer, das oder die du besonders gern magst? Wenn ja, warum?

20......

20......

20......

8. OKTOBER

... macht mich müde.

20......

20......

20......

9. OKTOBER

Was würdest du gerne mal machen?

20...... _____

20...... _____

20...... _____

10. OKTOBER

Denkst du jemals über einen festen Freund/eine feste Freundin nach? Wer wäre das?

20......

20......

20......

11. OKTOBER

Was ist dein Lieblingsessen?

20......

20......

20......

12. OKTOBER

Hat dir jemand mal etwas Unwahres erzählt? Was war es?

20……

20……

20……

13. OKTOBER

Wenn ich einen magischen Radierer hätte, würde ich ... rückgängig machen.

20......

20......

20......

14. OKTOBER

Bist du mehr wie ein Affe, ein Tiger, ein Fuchs oder ein Hase?

20……

20……

20……

15. OKTOBER

Ich hoffe, dass mich niemand erwischt, wenn ich ...

20......

20......

20......

16. OKTOBER

Glaubst du an Geister? Warum oder warum nicht?

20......

20......

20......

17. OKTOBER

Was ist deiner Mutter/ deinem Vater besonders wichtig?

20......

20......

20......

20. OKTOBER

Hast du in letzter Zeit etwas Neues ausprobiert? Was war das?

20......

20......

20......

21. OKTOBER

Hast du Feinde? Wer ist es?

20......

20......

20......

22. OKTOBER

Was war das letzte Obst oder Gemüse, das du gegessen hast?

20......

20......

20......

23. OKTOBER

Was würdest du gerne loswerden oder wegschmeißen?

20......

20......

20......

24. OKTOBER

Welchen Film hast du zuletzt gesehen?

20......

20......

20......

25. OKTOBER

Was würdest du deinem Vater oder einem anderen engen Familienmitglied gerne mitteilen?

20......

20......

20......

26. OKTOBER

Meine Großeltern …

20......

20......

20......

27. OKTOBER

Wobei strengst du dich besonders an?

20......

20......

20......

28. OKTOBER

Was soll anders werden?

20......

20......

20......

29. OKTOBER

Wenn dich deine Eltern beschreiben würden, was würden sie sagen?

20......

20......

20......

1. NOVEMBER

Heute habe ich ... gelernt.

20......

20......

20......

2. NOVEMBER

Hast du dir schon mal etwas gebrochen oder dich schwer verletzt? Was ist passiert?

20......

20......

20......

3. NOVEMBER

Welches Geheimnis behältst du für dich?

20......

20......

20......

4. NOVEMBER

Welche Figur in einem Film oder einer Fernsehserie wärst du gerne?

20......

20......

20......

5. NOVEMBER

Mit wem unterhältst du dich gerne?

20......

20......

20......

6. NOVEMBER

Wie läuft dieses Schuljahr? Verwende zwei Wörter, um es zu beschreiben.

20......

20......

20......

7. NOVEMBER

Wie vertreibst du dir die Zeit auf langen Autofahrten?

20......

20......

20......

8. NOVEMBER

Was sind deine Lieblingsschuhe?

20......

20......

20......

9. NOVEMBER

Heute war super, dass ...

20......

20......

20......

10. NOVEMBER

Was würdest du nie weggeben?

20......

20......

20......

11. NOVEMBER

Wen würdest du wieder zum Leben erwecken, wenn du könntest?

20......

20......

20......

12. NOVEMBER

Hält dich etwas oder jemand davon ab, das zu tun, was du möchtest?

20......

20......

20......

13. NOVEMBER

Wohin würdest du gerne mal in den Urlaub fahren?

20......

20......

20......

14. NOVEMBER

Was darfst du bei Freunden tun, was du zu Hause auch gerne mal machen würdest?

20......

20......

20......

15. NOVEMBER

Was ist deine Lieblingsnachspeise?

20......

20......

20......

16. NOVEMBER

Die zwei Dinge, vor denen ich am meisten Angst habe, sind ... und ...

20......

20......

20......

17. NOVEMBER

Beschreibe den Raum, in dem du dich gerade befindest.

20......

20......

20......

18. NOVEMBER

Ich werde ungeduldig, wenn ...

20......

20......

20......

19. NOVEMBER

Welchen Ratschlag würdest du einem jüngeren Bruder oder einer jüngeren Schwester geben?

20......

20......

20......

20. NOVEMBER

Wer sind die wichtigsten Menschen in deinem Leben?

20......

20......

20......

21. NOVEMBER

Ich fühle mich am wohlsten, wenn …

20……

20……

20……

22. NOVEMBER

Was hat dich kürzlich überrascht?

20......

20......

20......

23. NOVEMBER

Auf welchen Feiertag freust du dich am meisten?

20......

20......

20......

24. NOVEMBER

Mit welcher berühmten Persönlichkeit würdest du dich gerne mal unterhalten?

20......

20......

20......

25. NOVEMBER

Meine Lieblingstätigkeit ist …

20......

20......

20......

26. NOVEMBER

Wann hast du das letzte Mal deinen Eltern gesagt, dass du sie lieb hast?

20......

20......

20......

27. NOVEMBER

Gibst du immer dein Bestes? Warum oder warum nicht?

20......

20......

20......

28. NOVEMBER

Wann warst du das letzte Mal albern?

20......

20......

20......

29. NOVEMBER

Bekommst du deine Hausaufgaben immer rechtzeitig fertig?

20……

20……

20……

30. NOVEMBER

Wenn du eine Firma gründen könntest, die Menschen hilft, was würde diese Firma tun?

20......

20......

20......

1. DEZEMBER

Wer begeistert dich? Warum?

20......

20......

20......

2. DEZEMBER

Kletterst du gerne auf Bäume und Klettergerüste? Hast du Angst zu fallen?

20......

20......

20......

3. DEZEMBER

Auf einer Skala von 1 bis 10: Wie glücklich bist du?

20......

20......

20......

4. DEZEMBER

Was machst du, um besser einschlafen zu können?

20......

20......

20......

5. DEZEMBER

Beschreibe einen wichtigen Tag in deinem Leben.

20......

20......

20......

6. DEZEMBER

Wer hat dich enttäuscht?
Was ist passiert?

20......

20......

20......

7. DEZEMBER

Wenn du heute unsichtbar sein könntest, was würdest du tun?

20......

20......

20......

8. DEZEMBER

Ich möchte ... besser kennenlernen.

20......

20......

20......

9. DEZEMBER

Wo würdest du wohnen, wenn du überall leben könntest?

20......

20......

20......

10. DEZEMBER

Woran merkst du, dass deine Mutter/dein Vater dich lieb hat?

20......

20......

20......

11. DEZEMBER

Was war heute in der Schule am interessantesten?

20......

20......

20......

12. DEZEMBER

Meine Eltern lassen mich nicht ...

20......

20......

20......

13. DEZEMBER

Beschreibe das perfekte Versteck.

20……

20……

20……

14. DEZEMBER

Wenn jemand wüsste, dass ich ..., würde er denken, ich bin verrückt.

20......

20......

20......

15. DEZEMBER

Wovon träumst du mit offenen Augen?

20......

20......

20......

16. DEZEMBER

... finde ich langweilig, weil ...

20......

20......

20......

17. DEZEMBER

Worüber redest du gerne mit deinen Freunden?

20......

20......

20......

18. DEZEMBER

Beschreibe das heutige Wetter.

20......

20......

20......

19. DEZEMBER

Wie hast du dich heute ausgetobt?

20......

20......

20......

20. DEZEMBER

Warst du schon mal in einem Flugzeug oder einem Zug? Wohin bist du geflogen/gefahren? Wie hat es dir gefallen?

20......

20......

20......

21. DEZEMBER

Welcher ist dein liebster Tag der Woche? Warum?

20......

20......

20......

22. DEZEMBER

Was wäre das Schlimmste, was dir passieren könnte?

20......

20......

20......

23. DEZEMBER

... ist etwas, das ich mir gerne abgewöhnen würde.

20......

20......

20......

24. DEZEMBER

Jemand, der mich gut kennt, würde mich mit diesen zwei Wörtern beschreiben:

20......

20......

20......

25. DEZEMBER

Was war dein tollstes Weihnachtsgeschenk?

20......

20......

20......

26. DEZEMBER

Was würdest du gerne erfinden?

20......

20......

20......

27. DEZEMBER

Wenn ich älter wäre, würde ich ...

20......

20......

20......

28. DEZEMBER

Womit hattest du schon immer Schwierigkeiten?

20......

20......

20......

29. DEZEMBER

Hat jemand in letzter Zeit etwas sehr Nettes zu dir gesagt? Was war es?

20......

20......

20......

30. DEZEMBER

Beschreibe deinen Lieblingsplatz zu Hause.

20......

20......

20......

31. DEZEMBER

Male ein Bild von dir selbst.

20......

20......

20......